Cómo alcanzar el éxito
en tu matrimonio

CARLOS ENCINA COMMENTZ
[PREFACIO DEL CARD. ANGELO COMASTRI]

Cómo alcanzar el éxito en tu matrimonio

60 consejos para una vida feliz

EDICIONES RIALP
MADRID

© 2024 *by* CARLOS ENCINA COMMENTZ
© 2024 *by* EDICIONES RIALP, S. A.,
   Manuel Uribe 13-15, 28033 Madrid
   (www.rialp.com)

Preimpresión: www.produccioneditorial.com

ISBN (edición impresa): 978-84-321-6838-3
ISBN (edición digital): 978-84-321-6839-0
ISBN (edición bajo demanda): 978-84-321-6840-6
ISNI: 0000 0001 0725 313X
Depósito legal: M-15806-2024

Impreso en España   *Printed in Spain*

Anzos, S. L. - Fuenlabrada (Madrid)

ÍNDICE

PREFACIO

He leído con gran interés: *Cómo alcanzar
el éxito en tu matrimonio*. Se reconoce que
estos consejos nacen de la experiencia
adquirida en el encuentro directo con las
familias, y por eso son concretos y sabios.

Mons. Encina aconseja a los cónyuges rezar
juntos, porque la oración une y amortigua
cualquier posible tensión; pero también les
aconseja vivir juntos algunos momentos de
tiempo libre, como dar un paseo o visitar un
museo o una ciudad rica en arte.

He recordado una confidencia de santa
Teresa de Calcuta. Ella contaba que
su padre, al regresar de un viaje traía
siempre un regalo pequeño a su esposa
y a sus hijos. A menudo son esos gestos
los que producen la atmósfera hermosa
y serena propia de una familia cristiana.
Madre Teresa también me relató en
alguna oportunidad lo que su madre había
confiado a sus hijos: "Sabed que me caso
con vuestro padre todos los días".

Las palabras recogidas en este libro han de servir como guía para todos los esposos. El matrimonio se renueva cada día con gestos concretos y detalles de amor. Es necesario renovar frecuentemente el "sí" que dio origen a la familia.

Gracias Mons. Encina por esta sabia guía que da a los matrimonios. Sin duda hará mucho bien.

Angelo Card. Comastri
Vicario General emérito de Su Santidad
para la Ciudad del Vaticano

INTRODUCCIÓN

La idea de escribir este opúsculo surgió de una homilía que pronuncié en la celebración de la boda de unos amigos míos, durante la cual me tomé la libertad de ofrecerles algunos consejos para una vida matrimonial feliz, en la medida en que esto es posible en la tierra. Después de la Misa, muchos matrimonios se me acercaron para agradecerme los consejos que había dado en la homilía, diciéndome que a ellos también les gustaría ponerlos en práctica. En esa ocasión traté de asuntos relacionados con la vida cotidiana, nacidos de la experiencia que he adquirido durante mi ministerio sacerdotal. Preferí dejar de lado razonamientos de alto nivel intelectual, ya que no eran necesarios en aquel momento. El núcleo esencial de esa homilía se desarrolla con más amplitud y profundidad en las páginas que siguen.

Esta pequeña obra que tienes en tus manos contiene un elenco de consejos y exhortaciones destinados a ayudar a perseverar con éxito en el matrimonio, con la esperanza de que pueda ser un apoyo para quienes han sido llamados por Dios a santificarse en la vida matrimonial, verdadera vocación cristiana sellada por la fuerza del sacramento.

La primera parte del texto se dirige específicamente a quienes desean contraer matrimonio, aunque puede resultar útil también a personas casadas, quienes encontrarán valiosos consejos para su vida. La razón es que se recogen diversos aspectos de la doctrina de la Iglesia sobre este gran sacramento. Asimismo, estas reflexiones podrán ser provechosas para transmitirlas a los propios hijos, a parientes que tengan la intención de casarse; e, incluso, a quienes colaboran en la preparación para el sacramento del matrimonio en las parroquias.

La segunda parte, en cambio, está pensada para quienes están ya casados, aunque puede muy bien servir a aquellos que se preparan para recibir este sacramento.

Este elenco de consejos contiene algunos que se pueden definir como "meramente humanos", esto es, inherentes a todo hombre o mujer de buena voluntad sean o no cristianos. Los demás son "propiamente cristianos", lo que quiere decir que tienen su raíz en el Evangelio.

Quien quisiera profundizar más en la doctrina católica sobre el matrimonio, la encontrará con facilidad expuesta en forma clara y detallada en el *Catecismo de la Iglesia Católica* (números 1601-1666) y en su *Compendio* (números 337-350), así como en otros textos sobre este sacramento.

PRIMERA PARTE

ANTES DEL MATRIMONIO

1. PENSANDO
EN EL MATRIMONIO

1

Estudiar la doctrina católica acerca de
este sacramento, utilizando los textos
que la exponen con claridad y fidelidad al
Magisterio. Antes de dar un paso importante
y decisivo en la vida, en cualquier ámbito, es
necesario conocer bien lo que se pretende
elegir. Puesto que se trata específicamente
del matrimonio, sacramento que implica
la elección de un estado de vida que dura
hasta la muerte de uno de los contrayentes,
es lógico que quien desee recibirlo sepa lo
que es, conozca su finalidad, y los deberes
y derechos que implica. El matrimonio es lo
que es y no lo que cada uno quiere o piensa
que puede ser. Se trata de una realidad que
encontramos y nos precede, con su propia
naturaleza, derechos y deberes, y no algo que
se pueda modelar según nuestros gustos.

2

Examinar la propia idoneidad para la vida matrimonial. Se trata de una vocación a la que se está llamado. Se debe tener en cuenta que, aunque la mayoría de las personas se sienten llamadas a este estado de vida, no se pertenece a una categoría inferior por no estarlo. También se es llamado a la santidad en la vida célibe. En efecto, la vocación a la santidad es universal.

3

La elección correcta y meditada del futuro cónyuge es de vital importancia, precisamente porque el matrimonio es para *toda* la vida. De hecho, la persona que se elija será con quien vivirá hasta la muerte; la belleza física, por ejemplo, no debe ser el criterio principal de selección, teniendo en cuenta que se marchita con el paso de los años. Mucho más importante es la "belleza interior", es decir, los valores y las virtudes de una persona, ya que permanecen toda la vida.

4

A la hora de elegir al futuro cónyuge, es importante tener en cuenta la calidad de la relación que mantiene con su familia: si es buena será un signo positivo para la futura vida matrimonial.

5

Al elegir a la otra persona, es preferible que no haya excesivas diferencias de edad, ideas políticas, ideales religiosos y estilos de vida. Aunque algunas diferencias pueden ser positivas y complementarias, hay que tener en cuenta que, si no se ha cultivado bien el amor conyugal, con el paso de los años incluso las más pequeñas diferencias pueden amplificarse, y convertirse en obstáculos difíciles de soportar o en motivos de reproche mutuo.

2. SE APROXIMA EL MATRIMONIO

6

No casarse nunca a causa de un embarazo previo. Contraer matrimonio bajo tal "presión" podría comprometer su validez. Si los novios no han vivido castamente su compromiso y han concebido un hijo, el modo moralmente lícito de actuar es dejarlo nacer, sin tener nunca la intención criminal de quitarle la vida, como desgraciadamente deciden hacer algunas personas. No hay que olvidar que el aborto es un crimen abominable castigado por la ley de la Iglesia con una excomunión automática (cfr. can. 1397 § 2 CIC). Una vez nacido el niño, los padres elegirán con libertad si se casan o no. Muchos matrimonios celebrados para resolver un embarazo, de hecho, fracasan al poco tiempo.

7

No decidir casarse con demasiada precipitación: es conveniente dedicar el tiempo adecuado para conocerse en profundidad y verificar la compatibilidad de caracteres. Por otra parte, es desaconsejable e imprudente alargar demasiado el noviazgo, ya que el tiempo pasaría inútilmente para uno y otro, y en caso de un futuro matrimonio con otra persona, sería una clara desventaja para ambos. Establecer un tiempo "fijo" de conocimiento prematrimonial no es posible debido a la diversidad de cada persona; como regla general podríamos considerar suficiente un periodo de unos dos años.

8

Para conocer mejor a la persona con la que alguien quiere casarse *no es necesario vivir juntos*. En un mundo tan secularizado como el actual, muchas personas optan por convivir antes de casarse. Hacerlo no es una buena decisión: por desgracia, muchos de estos matrimonios fracasan. Esto no significa, por supuesto, que la convivencia sea necesariamente la causa del fracaso, pero se puede deducir fácilmente que esa situación no ayuda a conocerse mejor[1]. Además, conviene no olvidar que una cohabitación en la que se anticipan las relaciones propias de las personas casadas no se ajusta a las exigencias del respeto y del amor verdadero entre hombre y mujer. Tal convivencia, en realidad, constituye un *obstáculo* para la vida cristiana y un *mal ejemplo* para la sociedad. La castidad en el noviazgo es el verdadero

---

[1] El Instituto de Estudios Familiares de Estados Unidos publicó recientemente un informe titulado "What's the Plan? Cohabitation, Engagement, and Divorce?", en el que revelaba que las parejas que conviven antes de comprometerse en matrimonio tienen un 48 % más de probabilidades de divorciarse.

modo de conocer y amar al otro como persona, es decir, con el amor de la amistad, con el amor con que Jesús nos amó: "Os he llamado amigos" (Jn 15, 15).

9

Antes de contraer matrimonio, conviene adquirir una posición laboral estable que permita a los cónyuges mantenerse dignamente sin depender de la ayuda económica de terceros. También es aconsejable haber completado los estudios, ya que la experiencia demuestra que el trabajo, ya de por sí exigente, combinado con los estudios y el cuidado de una familia, es de hecho una carga difícil de soportar.

10

Participar en los cursos de preparación al matrimonio que ofrecen las parroquias, no con el ánimo de cumplir un mero trámite burocrático, sino con la sincera intención de profundizar en los aspectos del sacramento y de discernir la Voluntad de Dios. Si se diera el caso de que los encuentros fueran de poca calidad, valdría la pena aconsejarse por un sacerdote de confianza sobre lecturas valiosas sobre el matrimonio y la familia.

11

No posponer la celebración del matrimonio por la escasez de medios económicos para organizar una gran fiesta, con muchos invitados y regalos. El mayor regalo para un cristiano es y debe ser el sacramento mismo, todo lo demás es secundario.

12

Aunque hoy en día pueda parecer anacrónico hablar de castidad, esta virtud debe ser tenida en gran estima no solo por los novios, sino también por los casados, para preservar así el verdadero amor. La castidad es una virtud indispensable en la vida de todo ser humano y de todo cristiano. El objeto de esta virtud es la justa medida y la moderación en el ejercicio de la actividad sexual y del placer que esta produce, en forma natural y legítima. El impulso sexual puede ser a veces fuerte, pero el cristiano cuenta con muchos medios que pueden ayudarlo a superar lo que le aleja del recto orden de la sexualidad establecido por Dios. Ningún ideal se alcanza sin sacrificio (cfr. 1 Co 9, 25). Del mismo modo que un atleta se prepara para ganar un campeonato absteniéndose de muchas cosas, algunas de las cuales son lícitas, quien se prepara para el matrimonio debe procurar vivir la virtud de la castidad, expresión del verdadero amor entre novios, que respeta la diferencia entre estar casado y no estarlo. También el casado debe cultivar la virtud de la castidad, de modo correspondiente a la naturaleza del matrimonio, procurando que todo acto conyugal sea plenamente humano, porque se vive solo con el cónyuge y siempre abierto a la vida.

SEGUNDA PARTE

YA CASADOS ANTE DIOS Y LA IGLESIA

3. LOS PRIMEROS AÑOS DEL MATRIMONIO Y LA LLEGADA DE LOS HIJOS

13

Especialmente en el primer período de vida matrimonial, es aconsejable adoptar una distancia razonable y adecuada respecto a los padres, que no pocas veces, aunque animados por la mejor de las intenciones, corren el riesgo de inmiscuirse excesivamente en la vida de la pareja, creando diversas fricciones entre los cónyuges. Es preferible, por tanto, que los recién casados intenten resolver sus problemas por sí mismos con el consejo de personas entendidas.

14

Procurar tener una familia numerosa, evidentemente si las posibilidades lo permiten. Es bien sabido que en el mundo actual hay políticas que no favorecen a la familia y que no es cosa fácil. Sin embargo, la experiencia demuestra que las familias con más hijos suelen tener más posibilidades de éxito. Por supuesto, no se trata de una regla infalible y sin duda también hay familias más pequeñas que son un verdadero ejemplo para la sociedad. Tener más hijos también tiene ciertas ventajas que no hay que subestimar: se fomenta un ambiente de mayor generosidad, solidaridad y deseos de compartir. Además, el cuidado de los padres en la vejez no recaerá sobre los hombros de un solo hijo.

15

Tratar de mantener una buena relación con la familia del cónyuge. Siempre causa un inmenso dolor a una persona casada saber que su cónyuge alberga enemistad o resentimiento hacia su familia de origen. Si bien es cierto que cuando uno se casa y tiene hijos, la nueva familia debe ocupar el primer lugar, es igualmente importante mantener una relación sana con la familia de origen: un valor tanto más apreciado en los momentos en que los padres jóvenes no pueden ocuparse de sus hijos y se ven obligados a pedir ayuda a sus parientes.

16

Las buenas amistades son un gran apoyo para el matrimonio y la vida familiar. La Sagrada Escritura afirma con razón que quien ha encontrado un amigo ha encontrado un tesoro (cfr. Sir 6, 14). Es necesario esforzarse por cultivar amistades que sean un buen ejemplo de vida cristiana para la familia, y evitar una relación demasiado estrecha con personas que puedan de algún modo alejar de Dios.

17

Nunca discutir en presencia de los hijos: sería una injusticia para con ellos y también un mal ejemplo. En caso de alguna discrepancia, es importante reconciliarse lo antes posible, tomando la iniciativa si es posible y evitando el rencor, que es uno de los sentimientos más nocivos que puede tener una persona. El rencor y la felicidad se excluyen mutuamente, no pueden coexistir: son, por así decirlo, como el agua y el aceite que no se mezclan. Es bueno tener el valor y la humildad de pedir perdón reconociendo los propios errores. Por desgracia, a muchas personas les cuesta reconocer sus errores; hacerlo es un signo excelente de humildad, que hace a la persona más digna y agradable a los ojos de Dios, que precisamente con los humildes hace cosas grandes. En la oración del "Padre nuestro", pedimos perdón a Dios por nuestras ofensas y deudas, diciendo "como también nosotros perdonamos a los que nos ofenden". Si no somos capaces de perdonar a los demás, ¿cómo podemos pedir perdón a Dios por nosotros mismos? Conviene releer los espléndidos pasajes de los Evangelios sobre el perdón (cfr. *Mt* 5, 23-26; *Mt* 18, 21-35; *Lc* 15, 11-32; *Lc* 23, 34).

18

Del conocido escritor ruso Fiodor Dostoyevski (1821-1881) procede una hermosa y densa definición de la tarea educativa: "Educar significa dar a los niños buenos recuerdos que, llegado el momento, se enciendan como lámparas e iluminen su camino". Es fundamental la formación de los niños para que crezcan en la fe y se conviertan en personas virtuosas con valores humanos y cristianos. Que los niños, por ejemplo, aprendan a la perfección una lengua extranjera no es realmente lo más importante, mientras que es esencial que conozcan a Dios y se abran a un camino de fe, tomándose en serio su vida en la tierra como preparación para su vida eterna. La vida terrenal puede compararse a un viaje, una peregrinación, cuya meta es el Cielo, y el único camino hacia esta meta es el cumplimiento de la Voluntad de Dios. No hay otro camino: ¡Jesús nos lo dijo claramente! Cuando los padres se esfuerzan por transmitir valores cristianos, significa que están dando a sus hijos lo mejor, invirtiendo en su felicidad. ¿Qué padre o madre no quiere que un hijo sea feliz? Jesús dice: "¿Qué padre entre vosotros, si su hijo le pide un pez, le dará una serpiente en lugar del pez? (Lc 11, 11). Educar así a los hijos tiene consecuencias positivas no solo para la familia, sino también para el bien común de la sociedad. Muchos padres sufren amargamente por haber descuidado este importante aspecto o por haberlo abordado demasiado tarde. Por eso, parece oportuno recordar que más vale prevenir que curar.

19

En la educación de los hijos, y especialmente en la formación religiosa, es necesario explicarles con paciencia y caridad que las mayorías, las estadísticas, los números, nunca determinan lo que es moralmente lícito. Es evidente que una mayoría puede equivocarse. Con razón, los papas san Juan Pablo II, Benedicto XVI y, más recientemente, el papa Francisco, han insistido en que los jóvenes deben ser capaces de ir contracorriente. También hay que ser conscientes de que lo que está prohibido por la Ley de Dios o de la Iglesia lo está porque es esencialmente malo en sí mismo y no en virtud de su prohibición. Por tanto, la prohibición lleva consigo un gran bien que hay que salvaguardar.

20

Puede haber situaciones en la vida en las que el amor a Dios y el amor a la familia entren en conflicto de alguna manera; por ejemplo, cuando un miembro de la familia lleva una vida que contrasta fuertemente con la Voluntad de Dios. Son situaciones tristes y difíciles, pero, hay que decirlo, el amor a un familiar nunca debe anteponerse al amor a Dios (cfr. *Mt* 10, 37). Aun así, es muy complicado encontrar una regla justa e inequívoca de actuación. A este respecto, parece pertinente un viejo proverbio popular, que puede ofrecernos una orientación prudente y caritativa: "Ni tan cerca que te quemes, ni tan lejos que te congeles". Ser demasiado cercanos, demasiado "comprensivos", demasiado condescendientes, demasiado "humanos", por así decirlo, no es verdadera caridad; al contrario, podría constituir una falsa misericordia: nuestra actitud podría interpretarse incluso como aprobación de una opción pecaminosa, así como consideración superficial de situaciones que ponen en peligro la salvación eterna de un hijo o de un familiar. Querer complacer a toda costa a quienes nos rodean no es en absoluto un indicio de verdadera caridad: el verdadero amor implica, en cambio, procurar el bien material y espiritual de la persona. Si nos importa poco que un miembro de nuestra familia ofenda a Dios, significa que no amamos real y profundamente a esa persona, pues no deseamos su bien espiritual. Al mismo tiempo, tampoco parece prudente apartar por completo a ese miembro de la familia, ignorándolo casi como si no existiera.

De hecho, cortar toda relación hará aún más difícil hacerle caer en la cuenta de su error y ayudarle así a salir de su triste situación. Encontrar una solución verdadera y acertada en este terreno, como bien podemos ver, no es fácil; sin embargo, el proverbio mencionado puede ayudarnos a poner en práctica el mandamiento de amar a Dios y al prójimo, según los designios del Señor.

21

Las vacaciones en familia son una excelente oportunidad para alejarse de la vida cotidiana, cambiar de ambiente y visitar lugares interesantes que pueden enriquecer la cultura de los niños. Hay que favorecer también los juegos y entretenimientos en los que se comparte algo con los demás.

22

La oración en familia es una buena costumbre que debe tenerse en alta estima. "La familia que reza unida permanece unida" dice un sabio proverbio popular. El *Catecismo de la Iglesia Católica* nos recuerda que la familia cristiana es el primer lugar de educación para la oración. La "Iglesia doméstica", que es la familia, es el lugar donde los hijos de Dios aprenden a orar "como Iglesia" y a perseverar en la oración (cfr. *Catecismo de la Iglesia Católica*, n. 2685). Un momento oportuno para rezar juntos es en la mesa, antes de comer, o cuando los niños se van a la cama. Todos hemos aprendido hermosas oraciones de labios de nuestros padres y abuelos, que aún hoy vuelven a nuestra memoria.

23

Ir juntos a Misa todos los domingos y los días de precepto. Asistir a Misa con devoción.
La Santa Misa es una celebración, un acto festivo en el que la Iglesia cumple el mandato del Señor de hacer presente el Sacrificio de la Cruz, memorial de su Pasión, Muerte y Resurrección gloriosa. Jesús se ofreció en la Cruz por nosotros, realizando en sí mismo sus palabras: "Nadie tiene amor más grande que el que da la vida por sus amigos" (*Jn* 15, 13). La Misa es el acto más sublime en el que puede participar un fiel, y del que se reciben muchas gracias útiles en el camino, a menudo difícil, de la vida cotidiana, para que vivamos y muramos por Dios, como enseña san Pablo (cfr. *Rm* 14, 8).

24

No oponerse nunca a la vocación sacerdotal de un hijo o a la vocación a la vida religiosa de una hija, recordando que los hijos no son propiedad de sus padres, sino que pertenecen a Dios. Si Dios los llama a servirle en un determinado estado de vida, es necesario apoyarlos y rezar por su perseverancia. Un hijo que recibe la llamada divina no es un hijo perdido, sino una bendición preciosa para la familia.

4. APRENDER A DESCUBRIR LA BELLEZA DE LA VIDA COTIDIANA

25

Tratar al otro como uno quiere ser tratado (cfr. *Mt* 7, 12; *Lc* 6, 31). Esta es una regla de oro del Evangelio que también puede formularse en sentido negativo: no hacer al otro lo que no quieras que te hagan a ti (cfr. *Tob* 4, 15). Es preciso reiterar la importancia de un concepto tan sencillo, pero olvidado por muchos. Si se practicara este principio evangélico ¡cuántos problemas podrían evitarse!

26

Gestionar la familia y el hogar teniendo siempre en cuenta la opinión del cónyuge. Si "cuatro ojos ven más que dos", como dice el viejo refrán, es señal de amor valorar las ideas del otro, con la conciencia clara y humilde de que no siempre se tiene la razón. Cambiar de opinión no es sinónimo de inferioridad.

27

En el mundo actual, se suele medir el trabajo en función de la productividad: por ejemplo, quien más dinero aporta cuenta más y su trabajo se considera más valioso. Un cristiano, por el contrario, sabe que el mejor trabajo es precisamente el que se hace con más amor. A veces ocurre que, por diversas razones, la esposa no puede ejercer una profesión porque su presencia es necesaria en el hogar: en estas situaciones es justo que el marido aprecie el sacrificio que esto supone para ella y le exprese de alguna manera su gratitud por la valiosa contribución que aporta al bien común de la familia. Sin embargo, tanto si uno como

los dos cónyuges trabajan fuera de casa,
no deben olvidar que el verdadero tesoro
son los hijos y que su presencia favorece su
desarrollo sano y adecuado.

28

Muchos problemas familiares surgen por la
administración de patrimonios o de bienes
que no son propios. En este sentido, hay que
actuar siempre con gran honestidad, equidad
y transparencia, para que nadie pueda acusar
al otro de actuar deshonestamente. Hay un
sabio proverbio popular que hay que tener
en cuenta: "Cuentas claras conservan la
amistad".

29

Hablar todos los días sincera y abiertamente, pero también discretamente, de lo que va o no va correctamente en la familia es necesario para el bien familiar. La falta de comunicación, un "no decir", un silencio inoportuno, son a menudo la causa de la crisis de muchos matrimonios.

30

No hay que engañarse pensando que el cónyuge es una persona perfecta: ninguna persona humana lo es. Muchas veces tenemos un juicio extremadamente severo sobre los defectos de los demás, como si nosotros no contáramos con ninguno. Jesús dice en el Evangelio: "¿Por qué te fijas en la mota que tiene tu hermano en el ojo y no reparas en la viga que llevas en el tuyo?" (*Mt* 7, 3). Por tanto, los cónyuges deben saber amarse incluso con sus defectos: para un cristiano, este es un verdadero camino de santificación, que equivale a llevar cada día la cruz para seguir a Jesús. Pero cuando se trata de defectos que ofenden a Dios, *hay que corregirlos* y, por tanto, es un profundo acto de caridad ayudar a los demás a mejorar en este aspecto. Sin embargo, cuando hay poco amor, el más pequeño defecto parece desproporcionado o se magnifica. Hay una virtud que san Marcelino Champagnat (1789-1840) llamó "disimulación caritativa", que consiste en "cerrar los ojos" ante los defectos o actitudes desagradables del prójimo, siguiendo las palabras de san Pablo: "Así pues, como elegidos de Dios, santos y amados, revestíos de compasión entrañable, bondad, humildad, mansedumbre, paciencia. Sobrellevaos mutuamente y perdonaos cuando alguno tenga quejas contra otro. El Señor os ha perdonado: haced vosotros lo mismo" (*Col* 3, 12s).

31

En la vida social y laboral no comportarse en modo ambiguo o abiertamente provocativo, evitando así cualquier peligro de infidelidad conyugal. Hay que tener mucho cuidado en esta materia: se trata, en efecto, de un asunto muy "delicado". No es ningún secreto que el mundo actual no favorece la virtud de la castidad, sino que expone a las personas a tentaciones mayores que en el pasado. Por lo tanto, toda persona casada debe ser muy cuidadosa para no hacer fracasar su matrimonio. ¡Cuántos matrimonios han terminado por descuidar este aspecto! ¡Mejor no jugar con fuego para no quemarse!

32

En el matrimonio, es importante cultivar cada día el amor conyugal para que no se "seque". El amor verdadero no se agota como el combustible de un coche después de una carrera; sin embargo, se puede correr el riesgo de dejarlo morir, al dejar de cultivarlo en la vida cotidiana con las pequeñas atenciones que consiguen mantenerlo siempre joven. Sería hermoso que todos los cónyuges se preguntaran cada día: "¿Qué puedo hacer hoy para que mi mujer/mi marido sea feliz?". Hay un "secreto" sencillo para ser feliz: olvidarse de uno mismo y vivir solo para Dios y para los demás. Puede parecer una paradoja, pero no lo es en absoluto: si buscamos la felicidad para nosotros mismos no la encontramos, mientras que cuando la buscamos para entregarla, llega también a nosotros. En efecto, el verdadero amor consiste en buscar el bien del otro.

33

La "solicitud caritativa" significa poseer un verdadero espíritu de servicio, buscando siempre ayudar al otro incluso antes de que lo pida. Jesús dijo: "Porque el Hijo del hombre no ha venido a ser servido, sino a servir y dar su vida en rescate por muchos" (*Mc* 10, 45).

34

La compasión es una hermosa virtud que nos lleva a compartir las penas de los que sufren para hacerlas más suaves. En el matrimonio, suenan especialmente apropiadas las palabras del apóstol Pablo: "Alegraos con los que están alegres; llorad con los que lloran. Tened la misma consideración y trato unos con otros, sin pretensiones de grandeza, sino poniéndoos al nivel de la gente humilde. No os tengáis por sabios" (*Rm* 12, 15s).

35

Alegrarse de las alegrías del otro. Compartir las alegrías de los demás hace que esa alegría aumente. San Pablo nos da un bello ejemplo de ello: "Porque, siendo libre como soy, me he hecho esclavo de todos para ganar a los más posibles. Me he hecho judío con los judíos, para ganar a los judíos; con los que están bajo ley me he hecho como bajo ley, no estando yo bajo ley, para ganar a los que están bajo ley; con los que no tienen ley me he hecho como quien no tiene ley, no siendo yo alguien que no tiene ley de Dios, sino alguien que vive en la ley de Cristo, para ganar a los que no tienen ley. Me he hecho débil con los débiles, para ganar a los débiles; me he hecho todo para todos, para ganar, sea como sea, a algunos" (1 *Co* 9, 19-22).

36

Cultivar "el amor de amistad". Al igual que en el noviazgo el amor desempeña un papel importante, constituyendo el primer paso hacia el matrimonio. También en la vida matrimonial debe cultivarse y alimentarse la amistad, por ejemplo, mediante paseos, hobbies compartidos, visitas a museos y espectáculos sanos, etc. Estos aspectos, que pueden parecer a primera vista irrelevantes, deben tenerse siempre en cuenta para no caer en una relación superficial y rutinaria.

37

Amar al cónyuge con el amor que Jesús mandó a todos: "Este es mi mandamiento:

que os améis unos a otros como yo os he amado" (*Jn* 15, 12; 13, 34-35). Entre estos "otros" que hay que amar, el primero debe ser el propio cónyuge. Este amor cristiano tiene en cierto sentido características antitéticas con respecto al amor conyugal. En efecto, el amor cristiano es compartido por todos los hombres y mujeres; en cambio, el amor conyugal es de naturaleza exclusiva y solo es compartido por el cónyuge, excluyendo a todos los demás. Pero es más fluctuante y debe ser sostenido siempre por el amor cristiano, que es firme porque goza de la fidelidad de Dios. Este es el efecto del sacramento del matrimonio. Los esposos deben procurar vivir siempre en gracia de Dios, alimentados cada domingo por el Cuerpo de Cristo, que es la fuente del amor cristiano.

38

En la vida conyugal, sucede a menudo que las personas solo consideran sus propios *derechos*, olvidando con demasiada facilidad sus *deberes*. La virtud de la justicia, fundamental en las relaciones humanas, consiste en dar al otro lo que es suyo, lo que le corresponde. No se puede hablar de caridad si antes no se es justo. ¡Cómo mejorarían las relaciones entre las personas si se practicara siempre la virtud de la justicia!

39

Mantener constantemente vivo el interés de querer conquistar al otro cada día: no hay que engañarse creyendo que después del matrimonio todo está asegurado o se da por descontado. La vida actual nos muestra todo lo contrario. Puede parecer superficial, pero el cuidado estético de la persona, el aspecto físico, la forma de vestir, etc., deben observarse siempre como es debido y no relegarse solo al período de noviazgo. Ocurre, por desgracia, que a veces los casados se distraen con los demás precisamente por la falta de estos detalles en su propio cónyuge.

40

La virtud de la gratitud enriquece las relaciones entre las personas. Dar las gracias al cónyuge por un bien recibido es una forma de hacer la vida más agradable y anima a adquirir una actitud cada vez más generosa por el bien común de la familia. Ser agradecido no requiere un esfuerzo sobrehumano; saber dar las gracias es también un signo de buena educación. Jesús aprecia la virtud del agradecimiento y lo subraya muy claramente cuando, de los diez leprosos que curó, solo uno volvió para darle las gracias (cfr. *Lc* 17, 11-19). Rudolf Schmid (1914-2012), Obispo auxiliar de Augsburgo y pastor ejemplar, decía con razón que toda persona debe ser alabada por sus buenas cualidades y obras. De hecho, el aprecio de la bondad fomenta precisamente la bondad.

41

Cuidar la salud de forma razonable, evitando los excesos en la comida y en la bebida, para poder servir al Señor un mayor número de años y en las mejores condiciones físicas posibles, evitando así las consecuencias de la propia irresponsabilidad y descuido de la salud. Por ejemplo, dedicar siete u ocho horas al descanso puede ser una buena manera de preservar nuestra salud, para que podamos recuperar la fuerza física y el equilibrio espiritual.

42

Aprender a templar el carácter, a ser cada vez más dueño de sí mismo y a dominar las pasiones. En efecto, el mal temperamento puede mejorarse. No hay que olvidar la famosa máxima de san Francisco de Sales: "Se cazan más moscas con una gota de miel que con un barril de vinagre". El santo, doctor de la Iglesia y verdadero ejemplo de mansedumbre, nos mostró un camino muy atractivo y humano hacia la santidad. Jesús dijo: "Tomad mi yugo sobre vosotros y aprended de mí, que soy manso y humilde de corazón, y encontraréis descanso para vuestras almas" (*Mt* 11, 29). En efecto, el cristiano, al practicar la virtud de la mansedumbre, se dará cuenta de cuántos problemas se vuelven insustanciales. ¡Se necesitan dos para discutir! La mansedumbre es un arma poderosa y eficaz frente al mal: practicarla no es sinónimo de debilidad o falta de carácter; al contrario, expresa el deseo de parecerse al Corazón de Jesús, que desea ardientemente que nadie se pierda. Además, es bueno evitar los reproches al cónyuge o hablar con ira: cuando estamos enfadados, de hecho, salen de nuestra boca frases que normalmente no diríamos. Dejemos, pues, pasar el momento de enfado, y hablemos después con más calma, señalando caritativamente al otro lo que no nos ha gustado o lo que consideramos inconveniente. No olvidemos que la corrección fraterna es una hermosa enseñanza del Señor que nos ayuda a ser santos (cfr. *Mt* 18, 15-17).

43

Aprender a dominar la lengua y a evitar las críticas injustas que no hacen más que envenenar la convivencia humana. Sería bonito que se pudiera decir que somos hombres y mujeres que usamos la lengua para el bien. Preguntémonos más a menudo si Jesús y la Virgen dirían esto o aquello.

La discreción es una virtud muy importante para la vida matrimonial. San Josemaría Escrivá de Balaguer decía: "De callar no te arrepentirás nunca: de hablar, muchas veces" (*Camino*, 639). En el Evangelio de San Lucas leemos: "María, por su parte, guardaba todas estas cosas, meditándolas en su corazón" (*Lc* 2, 19). ¡Cuántas palabras inútiles y prejuiciosas se ahorrarían si las personas fueran más conscientes de que al final de la vida tendrán que dar cuenta de lo dicho en la tierra!

44

El buen humor y la simpatía pueden hacer la vida muy agradable a los demás. No hay que olvidar que la alegría es parte integrante de la vida cristiana.

45

Evitar expresiones y gestos vulgares, que están reñidos con el comportamiento que debe tener un hijo de Dios. Aprender a expresarse correctamente, recordando siempre que hay lenguaje y gestos inadmisibles para los que se llaman cristianos (cfr. *Ef* 5, 3).

46

La urbanidad y la cortesía hacen la vida particularmente agradable al cónyuge. Las demostraciones de estima y admiración mutuas aumentan el amor conyugal.

47

Aprender a vivir más sobriamente, con mayor desapego de las cosas materiales, siendo generosos. Muchas personas piensan erróneamente que la felicidad está en la riqueza y en poseer abundantes bienes. No es necesario disponer de la última tecnología o la marca de ropa más cara. Contentarse con una vida digna, poseer bienes suficientes para satisfacer las necesidades de la familia e intentar no ser una carga para los demás o para la sociedad. No olvidemos que, tras nuestra muerte, nada nos acompañará a la tumba. Con razón se dice que "la mortaja no tiene bolsillos". Lo más importante es acumular tesoros en el Cielo para no presentarnos ante el Señor con las manos vacías. Nuestra vida no debe ser estéril, sino llena de frutos de santidad. San Francisco de Sales decía: "Todo pasa, menos lo que hemos hecho y sufrido por amor a Dios".

48

Ser una persona trabajadora. El trabajo no debe considerarse un castigo de Dios, sino un camino hacia la santidad y también hacia la realización humana. Trabajando bien y ofreciendo nuestras actividades a Dios, podemos santificarnos y contribuir al bien de la familia y de la sociedad. Todo trabajo honesto es, en efecto, un medio de santificación. Sin embargo, es importante tener en cuenta que el trabajo es solo un "medio" y no un "fin": *se trabaja para vivir, pero no se vive para trabajar.* El trabajo que se interpone en el cumplimiento de los deberes para con Dios y la familia no es propio de quien puede considerarse llamado a la santidad. Una persona trabajadora merece toda nuestra admiración y respeto.

49

Ser puntuales es un signo de respeto hacia los demás, que demuestra lo importantes que son para nosotros. Si uno prevé que en alguna ocasión no podrá llegar a tiempo, al menos tenga la cortesía de informar a su cónyuge para que no pierda tiempo y pueda organizarse de otra forma.

50

No hacer un uso excesivo del teléfono móvil, sino utilizarlo de forma proporcionada para no perjudicar la vida familiar y estar siempre disponible para los demás. Lo mismo puede decirse de las redes sociales, que a menudo generan una verdadera adicción, muy peligrosa para el bien de la familia.

51

La sinceridad y la veracidad son virtudes fundamentales en las relaciones humanas y en el matrimonio. Jesús, no sin razón, afirma en el Evangelio: "Yo soy el camino y la verdad y la vida" (*Jn* 14, 6), "La verdad os hará libres" (*Jn* 8, 32) y "Que vuestro hablar sea sí, sí, no, no. Lo que pasa de ahí viene del Maligno" (*Mt* 5, 37). Dice de Natanael: "Ahí tenéis a un israelita de verdad, en quien no hay engaño" (*Jn* 1, 47). Estaría muy bien que se dijera lo mismo de nosotros. El diablo es, por el contrario, el padre de la mentira (cfr. *Jn* 8, 44) y el mentiroso por excelencia. No es de extrañar que la mentira, la falsedad y las actitudes contrarias a la verdad estén detrás de muchos de los males de la sociedad. Decir la verdad puede acarrear ciertamente inconvenientes, pero estamos seguros de que hacemos la Voluntad de Dios, que debe ser lo que más importa en la vida. ¡Cuántos problemas se evitarían si los hombres amaran más la verdad! El mundo sería muy distinto del que tenemos.

52

Una virtud muy hermosa y agradable a los ojos de Dios es, sin duda, la generosidad. En los Hechos de los Apóstoles se lee: "¡Hay más alegría en dar que en recibir!" (*Hch* 20, 35). El matrimonio es, por su propia naturaleza, una entrega de toda la vida al otro, por lo que hay que erradicar todo egoísmo y avaricia, que son ídolos que envenenan la felicidad en el matrimonio. La generosidad debe vivirse sobre todo en el seno de la familia, visitando a los parientes ancianos y abandonados, dándoles un poco de alivio y felicidad para que se sientan verdaderamente amados por sus seres queridos.

53

No olvidar nunca que somos hijos de Dios. Evitar la frivolidad y tomarse en serio la vida en la tierra. Nuestra existencia no es un juego ni el resultado de una mera casualidad. Dios, nuestro Padre, tiene un plan preciso para cada uno de nosotros. Quienes han recibido la vocación al matrimonio deben considerarla y vivirla como un verdadero camino de santidad, establecido por Dios mismo. También es importante adquirir una especie de "mentalidad de peregrino", con la certeza de que estamos de paso en la tierra y que nuestra experiencia determinará "cómo" viviremos eternamente. No olvidemos que un día en el que no hemos trabajado por el Cielo es un día perdido. Es importante vivir con los ojos puestos en la meta. Si nos desviamos del verdadero camino tomando decisiones equivocadas, hemos de recordar que siempre es tiempo para volver a la senda que nos lleva al puerto seguro. El cristiano debe vivir siempre como un buen hijo de Dios y con las "maletas preparadas", esperando la llamada de Dios que llegará un día que no conocemos. Vivir con las "maletas preparadas" significa *vivir en gracia de Dios*, en amistad con Él, es decir, sin pecado mortal.

54

No descuidar la vida de oración. La oración es como un muro que nos protege del Maligno. Si queremos dar fruto en esta vida, debemos permanecer unidos al Señor, como los sarmientos solo dan fruto cuando están unidos a la vid (cfr. *Jn* 15, 1-8). En los Evangelios hay muchos textos en los que Jesús habla de la necesidad de la oración. En el *Catecismo de la Iglesia Católica* la cuarta y última parte está completamente dedicada a la oración en la vida cristiana.

55

En el hogar de una familia cristiana nunca deben faltar imágenes sagradas: crucifijos, representaciones o estatuas de la Santísima Virgen María o de los santos. Las imágenes sagradas nos ayudan a vivir en la presencia de Dios, son útiles como recordatorio para rezar o recitar jaculatorias, y nos protegen de todo lo que pueda resultar un peligro para nuestra salvación. Del mismo modo que en el hogar de una familia cristiana debe haber imágenes sagradas, tampoco pueden faltar las Sagradas Escrituras, el *Catecismo de la Iglesia Católica*, obras de espiritualidad y biografías de santos. Las buenas lecturas han sido de inmensa ayuda para muchos santos.

56

Hacer examen de conciencia con regularidad y no solo antes de acercarse al sacramento de la Penitencia. Preguntarse qué errores hay en la vida matrimonial y hacer buenos propósitos, pidiendo la ayuda de la gracia divina para poder cumplirlos. Existe también una práctica de vida espiritual que consiste en el examen particular, que se realiza identificando nuestros principales defectos para tratar de erradicarlos y también descubriendo cuáles son las virtudes que se pueden adquirir.

57

Lejos de ser un consejo inútil, el acercamiento frecuente al sacramento de la Penitencia es un medio eficaz para crecer en la virtud, ya que no solo perdona los pecados, sino que concede a los fieles abundantes gracias que, en consecuencia, ayudarán también a mejorar la vida familiar. Una persona que se acerca con frecuencia a este sacramento está mejor protegida por la gracia de Dios y gana energía para hacer el bien y evitar el mal. Se puede decir que la Confesión sirve para "recargar las baterías".

58

Cultivar la virtud de la alegría cristiana que es sobrenatural, ya que procede del abandono de todo, incluso de uno mismo, en los brazos amorosos de Dios (cfr. San Josemaría Escrivá de Balaguer, *Camino*, n. 659). No olvidar que, en muchos casos, la causa de la tristeza se remonta al pecado porque es un acto de desamor o de inadecuación a lo que Dios quiere de nosotros. Si somos hombres y mujeres alegres, podremos animar a otros a seguir a Jesús. San Francisco de Sales decía con razón que un santo triste es un triste santo.

59

Si bien es cierto que muchos de los consejos enumerados anteriormente son de carácter espiritual, a veces es necesario acudir a especialistas en psicología o psiquiatría que puedan prescribir terapias o medicamentos para resolver los problemas de su competencia. Además del prestigio profesional que puedan tener estos especialistas, es importante que sean personas que compartan los valores cristianos de los cónyuges.

60

Un último consejo que puede considerarse el principal: amar a Dios sobre todas las cosas. Un hombre o una mujer que ama a Dios debe evitar todo lo que le desagrade. El amor a Dios incluye el amor al prójimo (cfr. 1 *Jn* 4, 20): nadie puede pretender amar a Dios a quien no ve, si no ama al prójimo a quien ve. Cuando Dios ocupa el primer lugar en la vida del cristiano, podemos estar seguros de que todo lo demás irá bien. Parece extraño que Dios pueda interesarse tan profundamente por el amor al prójimo: Él nos ama como un padre y quiere el bien de todos los hombres, sus hijos, y por eso la caridad debe animar las relaciones entre las personas. Los discípulos del Señor se reconocen por el amor: "En esto conocerán todos que sois discípulos míos: si os amáis unos a otros" (*Jn* 13, 35).

PALABRAS CONCLUSIVAS

Después de haber leído estas páginas, quizás me dirás que estos consejos convienen más a los que quieren hacerse santos que a los que quieren construir un matrimonio feliz y exitoso. En parte tienes razón, pero no debes olvidar que el matrimonio, tal como se ha descrito a lo largo de estas páginas, es un camino hacia la santidad, y quienes lo emprenden responden así a la vocación que han recibido de Dios. Además, la felicidad verdadera y duradera solo se encuentra en una vida santa. No hay contraposición entre la santidad y la felicidad, ya que la primera es consecuencia de la segunda.

Tal vez persista en ti la idea de que la felicidad y el éxito en el matrimonio no son en el fondo posibles, dado el gran número de matrimonios que fracasan hoy en día. Aunque esto sea una triste realidad, tampoco se puede negar que afortunadamente hay también *muchos* ejemplos de matrimonios exitosos y felices.

Esfuérzate para que tu matrimonio sea un buen ejemplo para la sociedad. No se puede hablar de una sociedad sana si el matrimonio y la familia están en crisis, ya que el bien de la persona exige un matrimonio y una familia conformados según los designios de Dios.

Aleja de ti la tentación de pensar que el divorcio es una solución para acabar con los problemas familiares. He conocido casos de matrimonios prácticamente destruidos a los que solo les faltaba el "certificado de defunción", pero que, gracias a la generosidad de los cónyuges y a su amor por los hijos, consiguieron salvarse superando los problemas. Hoy, esas mismas personas dan gracias a Dios por no haber recurrido al divorcio en tiempos de tormenta. Ningún hijo puede alegrarse del divorcio de sus padres, pues iría en contra su propia naturaleza: los hijos no desean compartir a su padre con otra mujer que no sea su madre, ni a su madre con un hombre que no sea su padre.

Las personas casadas no deben engañarse creyendo que existe el llamado "derecho a rehacer la vida". Porque el derecho es, por su propia naturaleza, lo que es justo, por lo que el pseudoderecho "a rehacer la propia vida" se transformaría, en otras palabras, en el derecho a destruir la vida del cónyuge, al que se ha prometido fidelidad hasta la muerte. Además, esto conllevaría el derecho a destrozar la vida de los hijos, que deben vivir con sus padres unidos por el sagrado vínculo del matrimonio.

Ciertamente, los esposos cristianos no olvidarán que su verdadero modelo de vida familiar será siempre el de la Sagrada Familia.

Concluyo estas líneas sabiendo que en este breve texto se encontrarán carencias o aspectos que podrían haberse tratado de otra manera. La vida familiar es, sin duda, mucho más compleja que lo dicho, y este pequeño libro no pretende presentarse como un instrumento completo e infalible para perseguir la felicidad y el éxito en el matrimonio.

Te sugiero que leas y releas estos consejos, pidiendo a Dios la gracia de seguirlos. Si te comprometes a encarnarlos en tu vida, tendrás al menos cincuenta o sesenta problemas menos, y eso no es poco.

ESTE LIBRO, PUBLICADO POR
EDICIONES RIALP, S. A.,
MANUEL URIBE 13-15, 28033 MADRID,
SE TERMINÓ DE IMPRIMIR EN
ANZOS, S. L. FUENLABRADA (MADRID),
EL DÍA 30 DE JULIO DE 2024.